未来を切り拓く知恵と学び

今、若者に伝えたい

Hirota Yasuhito
廣田靖人

青山ライフ出版

はじめに

20世紀の歴史にもっとも大きな影響を与えた人物のひとり、と言っていいある思想家は、こんなことを言っています（※）。

※レーニン『青年同盟の任務』

青年の任務とは、学ぶことである。

まだ社会に出る前の、あるいは社会に出て間もない時期にある若者は、まずなによりも学ばなくてはいけない。

なぜなら、彼らは未来の社会をつくっていく主役である。あるいは、これから主役になろうとしている立場にある。

だから、まずは先人たちが築き上げてきた知識や考え方を学んで自分のものにする必要がある。それをもとに、新しい社会をつくっていく力を養わなければいけない、ということでしょう。

こう言われると、若い人たちはどう感じるでしょうか。

そんなことは当たり前だろう、と思うかもしれません。実際に、自分は長く学校で学んできた。今も勉強をしている。あらためて、それが任務だと言われるまでもない、と。

たしかに、そうでしょう。みなさんはこれまで小学校、中学校、高校、大学と勉強をしてきた。

しかし、今までしてきた勉強は、本当に未来の社会をつくっていくために十分だったと言えるでしょうか。

あるいは、自分の未来を切り拓くために、今までの勉強で十分だと言えるでしょうか。

そう言われると、考え込んでしまうのではないかと思います。

この本は、ある機会に私が大学生のみなさんにした話を元にしています。

テーマは、大きなくくりで言えばキャリア論、ということになるでしょうか。まさに、「これからどんなふうに自分の人生を切り拓いていけばいいだろうか」ということを考えている若い人たちのためのテーマだと言えるでしょう。

私は29歳で起業してから、会社を経営し、さまざまな事業を手掛けてきました。そんな私の経験が、これから社会に出ようとしている大学生にとって、どのような形で参考になるだろうか。

そんなことを考えながら、私は話す内容を準備しました。

私は経営者ですから、たとえば、「企業が求めるのはどんな人材か」ということを中心に話すことも考えられます（実際、本書のなかにも少し、この話は出てきます）。「仕事とは」、あるいは「働くこととは」について、真正面から話してもいいでしょう。起業を目指している学生もいるでしょうから、自分の起業体験談を中心にすえてもよかったと思います。

しかし結局、私が話した主な内容は、そのどれでもありませんでした。

いかに学ぶか。いかにして自分を成長させていくか。

若い人たちの「任務」である、広い意味での勉強と自己研鑽をどのようにしていけばいいか、という話になったのです。


大学生は、勉強が本業です。特に、昨今の大学生は、昔とは違って講義にもきちんと出席するし、真面目に勉強をしていると言われています。

もちろん、大学に入る以前にも、小学校から高校まで勉強をしてきたでしょう。といっても、これまでやってきた勉強は、基本的に、知識を頭に入れることが中心の勉強だったはずです。

学校でいい成績をとり、入学試験に合格することを目的とした勉強だったでしょう。

それがいけないというのではありません。基礎的な学力がなければ始まらないからです。

大切なのは、これまでの勉強を土台にして、これからはいよいよ本当の勉強をはじめるということです。

つまり、自分の人生を切り拓くための勉強。

そして、これからの社会をつくっていく主役になるための学びです。


「若いうちは勉強が大事だ」

「大学生は勉強をしろ」

と言うだけなら誰でもできます。これだけでは、あまりにも無責任です。

大学生からはじめるべき、本当の勉強とはなにか。自分を成長させるためには何をするべきか。

そのことを、自分の経験にそくして語れないだろうか。私はそう考えました。


私自身は、学生時代だけでなく、卒業して社会人になってからも、ずっと勉強を続けてきました。自分の人生を切り拓くために学び続けてきたつもりです。

だとすれば、自分が何を考え、どんな勉強をしてきたかという経験を、学生のみなさんへのヒントとして語ることはできるはずです。

また、私の学生時代の話は、現代の若者たちにとっては興味深いかもしれない。今とはあまりにも時代が違い、学生たちの考え方や行動もずいぶん違う。それを語ることで、新鮮な驚きと刺激を感じてもらえるかもしれない。そんなことも考えました。

私が今、こうして経営者になっているのは、さまざまな転機、そして人に出会ってきた結果です。

それならば、私のこれまでの人生について語ることも意味があるかもしれない。それぞれの場面で私が何を感じ、考えたか。それを学生のみなさんのこれからの人生に役立ててもらえるかもしれない。

そして、私の人生という具体例を通じて、学ぶことだけでなく、遊ぶことや働くこと、個人と社会の関わり……といったことも含めて、何らかの「人生のヒント」を示すことができるのではないか。

そんな思いから、私は子ども時代から現在までの来し方を話すことにもなりました。

そんなわけで、限られた時間ではありましたが、私の話はかなり幅広い内容を含んでいます。

ここで、簡単に本書の構成と内容を紹介しておきます。

まず、「第1章　人生と転機――寿司職人を目指していた少年が、起業家になるまで」では、私のこれまでの人生、経営者になるに至った人生の転機について述べています。私という一個人の人生を振り返ることは、同時に私が育ってきた時代を振り返ることでもあります。

そのため、この章では戦後の日本がどんな道を歩み、結果として現代がどんな社会になったのかについても語ることになりました。

社会はつねに変化している。だから私たちは学び続けなければいけない、ということを、この章で理解してほしいと思います。

「第2章　時代のニーズ、変化への対応――感性を磨いて成長しよう」は、社会の変化という前提のもと、ではどんな力を身につければいいのかについて語っています。学ぶべきことは何か、についての章だと言えるでしょう。

技術が急速に進歩している現代だからこそ、大切なのはいわば「アナログ」な力です。私が特に重要だと考えているコミュニケーション能力、その土台となる感性の重要性について、この章で説明します。

「第3章　大学時代に何をすべきか――社会に出るためのトレーニングをしよう」は、「どうやって学べばいいのか」の実践的な提言です。

大学以降の学びは、机に向かってする勉強だけとは限りません。旅行をしたり留学したりするのも、映画を観るのも、音楽を聴くのも、絵を観るのも、人と交流するのも、すべてが勉強です。

そして、自分を成長させてくれる体験としては、勉強と同じくらいに遊ぶことも大切です。

こうした多様な活動を含めて、大学時代にどんな行動をしてもらいたいか、について、具体的に説明しています。

「終章――未来は明るい。行動しよう。」は、若い皆さんへのエールのようなものです。

どれだけ学んでも、どれだけ努力しても、世の中は不確定なもので、将来に対する不安は避けられません。
そんな中で、勇気を持って行動し、自分の未来を切り拓くための姿勢について述べています。

ひょんなことから私が学生たちに披露することになった話が、こうして本になり、より多くの若いみなさんの目に触れるのはとてもうれしいことです。そのきっかけを私に提供してくれた新潟大学准教授の西條秀俊先生には深く感謝いたします。
本書が、みなさんがより充実した学生生活を送るために、そしてよりよい人生を歩むために、少しでも役に立つ一冊となることを願っています。

２０２１年４月　著者

目次

第3章　大学時代に何をすべきか
社会に出るためのトレーニングをしよう　79

終章　未来は明るい

行動しよう　119

第1章

人生と転機

寿司職人を目指していた少年が、
起業家になるまで

最初に目指した職業は寿司職人

私は昭和34（1959）年4月、新潟生まれです。

大学を卒業後、29歳で「綜合フォーラムビジネス」という会社を立ち上げました。今は「テンプスタッフフォーラム」という名前になっている、人材派遣会社です。

以来、さまざまなビジネスをやってきました。

東京でも三和エンジニアリングいう会社をM&Aで取得して、この会社が運営している保育所が12か所あります。

趣味はスキーとゴルフです。

あとでお話しすることになると思いますが、スキーはかなり本格的に取り組んでいて、2級まで持っています。ゴルフは、昔はシングルにまでなりました。

簡単に自己紹介をすると、私はこんな人間です。

起業家であり、経営者として30年にわたって仕事をしてきた。仕事だけでなく、遊びも真剣にやってきた、というところです。

まずは、私という人間が、どんなふうにして生きてきたのか、どのように自己形成をしてきたのか、について話してみましょう。若いみなさんが人生を考えるうえでなんらかの参考になるかもしれません。

キャリアプランというとたいそうなことに聞こえますが、誰でも小さい子どもの頃から、なんとなく「将来はこんな仕事をしたい」とイメージするものです。

私が最初に目指した職業は、寿司職人でした。というのも、私が子どもの頃、父は寿司屋と割烹料理屋を経営していたからです。

小学生の私は、父の跡を継いで寿司職人に

幼少期、寿司職人だった父と

なって、家業をやっていこうとすでに思っていたのです。

まずは中学校を卒業したら、料理の専門学校に入って、板前の修行をするつもりでした。

ところが、ここでさっそく転機がおとずれます。

私が小学校の三年生のときだったでしょうか。父が警備会社を起業したのです。

しばらくは寿司屋と割烹もやっていたのですが、数年後には店を畳んでしまった。警備会社に専念することにしたわけです。

そうなると、困ったのは私です。

父の店をついで、寿司職人になるつもりだった私は、はやくも「自分の就職先がなくなる」という経験をすることになったのです。

不良少年と『13歳のハローワーク』

作家の村上龍さんが書いた『13歳のハローワーク』（幻冬舎）という本があります。ベストセラーになりましたから、知っている方も多いでしょう。

一生の仕事を見つけるためには、早い時期から目標を設定して、時間をかけて準備をしていく必要がある。たとえば医師になりたい人は、高校の科目選択から医学部入試を見すえて考えなければいけない。だから、13歳になったら自分のキャリアについて考えよう。こうした考え方を広げた本で、私も若い人にぜひおすすめしたいと思っている名著です。

当時の私は、まさに『13歳のハローワーク』状態でした。

小学生、中学生の段階で、自分の将来について考えざるを得なかった。

なんとなく「こうなるのだろうな」と思っていた未来が、ある意味で閉ざされて、自分で新しい道を切り開かざるを得なくなった。

ここで、さっそく新しい目標を立てて準備をはじめた……と言えれば格好いいのですが、実際はそうではありませんでした。

中学三年生になった私は、悪い友達と付き合うようになり、学校をさぼっては隠れてタバコを吸ったりするようになりました。まあ、不良少年になったわけです。

そのまま悪い道に進んでしまう危険性もなかったわけではないと思います。しかし、ここでまたしても転機が訪れました。

一転、受験勉強漬けの生活に

中学三年生の10月、私は盲腸にかかって、手術のために入院しました。

元気な中学生が、何日も病室で寝ていなければいけないというのは退屈なものです。

当時は無限に時間をつぶせるスマホのような便利な道具もありません。自然、いろいろなことを考えるようになります。

いつも一緒にいた不良仲間たちは、ひとりも見舞いには来ませんでした。

「俺はあいつらを友達だと思っていたけれど、本当に友達なんだろうか」

そんなことも思いました。

このまま、こんなことをしていていいのだろうか。

自分の人生はどうなっていくんだろう。

いや、自分はどうしたらいいんだろう。

いつのまにか、私は自分の未来について真剣に考え込んでいたのです。

一転、受験勉強漬けの生活に

退院する頃には、私はひとつの結論を出していました。

もう悪い仲間とは手を切ろう。

高校に進学して、大学にも行こう。そう決めていたのです。

高校に行こう、と決めたのはいいのですが、ここで悪さをしてきたツケが回ってきます。

授業をサボりがちだった私は、出席日数からしてギリギリ卒業できるかどうか、というところ。

こんな素行では、内申書には当然、いいことは書かれていない。県立高校に合格するのはどう考えても無理です。

そこで、昔通った恵泉幼稚園の先生のつてを父が頼って、東京の町田市にある桜美林高校を受験することに決めました。東京の私立高校なら受け入れてくれるのではないか、特に、キリスト教系の学校なら、自分のような元・問題児でも、寛容に受け入れてくれるんじゃないか。そんなことも考えました。

後は、入学試験までに、合格に必要な学力をつけなくてはいけない。

もちろん、これまでろくに勉強をせずに来ましたから、普通の勉強では受かるわけがありません。

まず私がしたことは、入学試験までの残り時間を計算することでした。

今日から受験の前日まで、朝5時に起きて、夜10時に寝るとする。起きている時間から、食事とトイレ、風呂などの時間を除いて、残りは全部勉強するとしたら、合計何時間あるのか。

こうして計算した「勉強ができる総時間」を、各教科に割り振る。比較的、得意だったのは数学で、絶望的だったのは英語です。そこで、英語に5割、国語に3割、数学に2割の時間を当てることにしました。

無茶な計画のように思えるかもしれませんが、私は実際、これをやりとげました。秋から冬にかけて、本当にこの通りの時間割で受験勉強に取り組んだのです。

結果は、見事合格。私は新潟から東京に移り住み、桜美林高校に通うことになったのです。

お金と平等——社会に対する意識が目覚める

この頃には、

「大学を卒業後は、父の警備会社で働く」

という道を意識するようにもなっていました。職人になるのではなく、今度は経営者として父のあとを継ぐ、ということです。

ご存知かと思いますが、警備会社というのは、どこも「体育会系」の風土を持っています。

それも、柔道の有段者だ、レスリングで国体に出た、というような猛者たちが活躍している、いわば尚武の気風のようなものがある。

それではというので、私はいずれ父の会社で働くことを意識して、部活動は柔道部を選び、これは高校2年生まで続けました。

生まれ育った新潟を離れて、東京の高校で学ぶ日々。

あるとき、東京で知り合った女友達に言われた一言は、今でも忘れることができません。

「あんたの家、金持ちだから東京に来られるんだよね」

これまで私は、自分が恵まれていると意識したことはありませんでした。

一方で、世の中には機会に恵まれない人もいる、ということも。

私は、一時は「不良少年」と言われるような道に踏み込んでしまった。けれども、自分の人生を見つめ直すことができ、こうして新しい道に進むことができた。

その一方で、たとえば中学時代に付き合っていた悪い仲間は、心を入れ替えたからといって東京の高校に進学して生まれ変わることはできるだろうか。それが可能な環境に恵まれていない者のほうが多いのではないか。

女友達に言われた一言は、とても大きなショックを私にもたらしました。

この時から、「お金」と「平等」は私にとって非常に大きなキーワードになりました。

私の社会に対する意識が目覚め始めた、と言ってもいいかもしれません。

自主運営の修学旅行を企画する

私が高校に進学したのは、1975年。

この時代がどんな時代だったか、ということと、私の社会意識の目覚めは深く関係しています。

1968年の東大紛争、日大紛争から激化した学生運動は、70年の日米安保条約改定反対、ベトナム反戦といったイシューをはらんで全国の大学へと広がっていきました。

今では想像できないことかもしれませんが、東大をはじめとする有名大学の学生たちが、バリケードをつくってキャンパスを占拠したのです。これを排除しようとする大学側は警察を大学に入れました。機動隊と、抵抗する学生との衝突も起きました。怪我人はもちろん、死者も出ています。

学生運動を含む新左翼運動の中で過激化していった一部の集団は、1973年にはあさま山荘事件を起こし、警官隊と銃撃戦を繰り広げるまでになります。

人質をとった赤軍派が立てこもる山荘に、クレーンで吊るされた鉄球が打ち付けられる映像を見たことがある人も多いでしょう。

日本だけではありません。

世界的に見ても、アメリカでは人種差別撤廃を目指した公民権運動が成果を上げていた時代です。その最中に、アフリカ系アメリカ人の指導者であったキング牧師が暗殺される。フランスでは学生と労働者のゼネラルストライキが起きる。それがパリ五月革命という政変に発展する。そんな時代でした。

私が高校に入学した1975年には、こうした「騒乱の時代」が一応の収束をみせていました。

とはいえ、まだまだ熱は冷めきっていなかった。社会について考えることと、社会を変えようとする行動とが近い距離にありました。

学生が左翼系の運動に参加することも、ごく当たり前に行われていた時代です。

女友達の一言がきっかけで、社会に対する意識に目覚めた私も、例外ではありませんでした。柔道部よりも、生徒会活動のほうを熱心にやるようになっていったのです。

当時は、大学生だけでなく、高校生も社会に対する意識がとても強かった。そういう生徒が多く集まる場が生徒会だったのです。

私が在学中の桜美林高校は、野球の強豪校でした。１９７６年、夏の甲子園大会では、ＰＬ学園を下して優勝しています。私も応援団のひとりとして甲子園球場に行ったのを覚えています。

それはいいのですが、そのせいで、思わぬとばっちりをこうむることになりました。高校三年時に予定されていた修学旅行が取りやめになったのです。

学校側が言うには、修学旅行先でハメを外す生徒がいるかもしれない。タバコを吸ったり、他校の生徒と喧嘩をしたりといった問題を起こすかもしれない。そんな不祥事を起こされたら、野球部が甲子園に出場できなくなる。だから修学旅行はとりやめ、というのです。めちゃくちゃな話です。

こういうときは、仕方がないから黙って大人の言うことにしたがう。あるいは、ぶつぶつと文句を言いながらも行動は起こさない。……では終わらなかったのが、あの時代でした。

私は仲間とともに、修学旅行委員会を立ち上げました。

学校が「行くな」というなら、自分たちの手で、自主的に修学旅行を計画して、実行しようということになったのです。

さっそく生徒にアンケートをとり、希望の多かった北海道旅行の企画を立てて、旅行会社と折衝しました。その結果、当初の予定よりは遅れ、2班に分かれたものの、北海道への修学旅行を実現することができました。

当時としては画期的な飛行機を使った修学旅行でしたし、もともとの予算にくらべて、いくらか安く上がったことも覚えています。ともかく、自主的な修学旅行は成功に終わりました。

「成田闘争」に参加する

高校の生徒会での活動だけでなく、私は校外での運動にも高校三年のころから参加するようになりました。

いわゆる「成田闘争」です。

１９６６年に始まった、千葉県成田市での新空港建設計画。高度経済成長期のまっただ中、日本の新しい玄関口となる新国際空港の建設のためには、周辺の農地を大量につぶす必要がありました。

日本政府は地元の農民に協力を求めたのですが、ことはそう簡単には運びませんでした。農民たちからすれば、先祖伝来の大切な土地です。戦時中、戦後の復興期を通じて、首都圏の食糧供給をになってきた。驚異的な経済成長を下支えしてきたのは自分たちだという誇りもある。

もちろん、空港を作れば騒音などの問題だって発生します。

「新しい空港をつくるので、あなたがたの土地を明け渡しなさい。相応のお金は払います」

と、いきなり言われて、「わかりました」というわけにはいかないのは当然です。

建設計画を急いだ政府側の説明が不十分だったこともあり、地元の農民を中心とする新空港建設反対運動が猛然と沸き起こりました。

前にも言ったように、この時期は学生運動や左翼運動が盛り上がっていた時代でもあります。新空港反対運動には学生や左翼の活動家も合流。建設予定地に「団結小屋」と呼ばれる拠点を建設し、徹底抗戦のかまえをとる農民らと、警察の機動隊とが激突する激しい闘争に突入していったのです。

私はこの「成田闘争」に高校三年から参加し、三里塚の空港建設予定地や国会周辺でのデモなどに加わるようになりました。

『竜馬がゆく』とマルクス

その後、私は高校を卒業して、桜美林大学経済学部に進学しました。大学では、経済学を学ぶことにしたのです。

経済学を専攻しようと思ったのは、高校時代に司馬遼太郎の『竜馬がゆく』を読んだのがきっかけです。坂本龍馬が「亀山社中」を設立したことから、薩長同盟につながり、大政奉還につながったことを読み、世の中では経済で回っていることに気づき、経済を学ぼうと思ったのでした。

この時代、大学で教えていた経済学の主流は、マルクス経済学、マル経です。当時はまだ非常に珍しかった女性の毛利教授のゼミに入り、ここでマルクスの「価値論」や「恐慌論」といった、資本主義の矛盾と限界を追究する学説を学びました。

高校時代に飛び込んだ学生運動も、もちろん継続していました。しかし、大学でより深く社会について学ぶようになり、運動にも深く関わっていくにつれて、

「こんなことをやっていても世の中は変わらないんじゃないか」

「もっと現実的に政治に関わっていく道があるんじゃないか」

といった疑問を抱くようになりました。

そこで私は、日本共産党の学生組織に入会し、さらに活発に運動に取り組むようになりました。学生運動に本格的に突入していったわけです。

そんなある日、国会周辺でデモをしていたときのことです。

デモと言っても、当時のデモは昨今のそれのように、整然と行進しながらシュプレヒコールをあげるだけ、の平和なものではありません。

基本的に、盾と警棒で武装した機動隊との激突が想定されているあらっぽいものです。

デモ隊の先頭のあたりで開始を待っていたら、そばにいた活動家風の男に声をかけられました。

「お前、運動靴だな」

「はい」

「足が折れるぞ。素人は中に入ってろ」

デモ隊の先頭、側面の外周部分にいる人は、機動隊が来たらまともにぶつかることになります。

当時の機動隊は、デモ隊と衝突したときに、重いジュラルミンの盾を、デモ参加者の足の上にまともに落としてきました。

これを食らったら簡単に足の骨が折れてしまう。だから、デモに慣れている人は鉄板が

仲間と共同生活をしていた大学時代

入った靴で足を守ります。

というわけで、普通の運動靴で参加していた私のような人は、安全のためにデモ隊の外周部分ではなく、中の方に入っていなければいけないわけです。

「素人」呼ばわりされた私は、

「そうか、学生運動にも素人と玄人がいるんだなあ」

と、不思議な気持ちがしたのを覚えています。

私は柔道をやっていたので、皮肉にも家業である「警備の仕事」を頼まれたこともあります。

現在の日本共産党の代表、委員長は、志

位和夫さんです。国会中継で、総理大臣と討論しているのを見たことがある人も多いでしょう。

その前の委員長は、不破哲三さん。その前が村上弘さんで、その前も不破哲三さん（不破さんは2回、委員長をやっていることになります）。

私が学生運動をやっていたのはその前で、宮本顕治さんが共産党の委員長でした。「警備係」の役目は、その宮本委員長の家の前で、車を停めて待機すること。そして、「変な車が突っ込んできたら、お前が盾になって守れ！」

ということでした。自分が乗っている車で突進を止めるというわけです。

お前の息子はアカなのか？

共産党は公安警察の監視対象ですから、こういう活動をしていると、当然ながら私も警察に目をつけられることになります。

するとどうなるか。父親の会社に、ある日警察官が訪ねてきます。そして、

「お前の息子はアカなのか？」

と詰問するのです。

「アカ」という言葉は、現在ではあまり聞かないかもしれません。共産主義のシンボルカラーは赤です。だから、旧ソ連や中国の国旗には赤が使われています。

このことから、マルクス主義者、共産主義者、さらには左翼思想を持つ者全般を指す一種の侮蔑語として、「アカ」という言い方をしたのです。

戦後の日本は、日本国憲法のもとで思想、信条の自由が認められていることになっています。しかし、実際にはこういうことが起きていたわけです。

両親は昔の人間ですから、当然、「過激」とされるような思想は嫌いです。「アカ」なんてとんでもないと思っているし、よりによって自分たちの息子がそんな道に進んでは困ると思っている。

結局、両親に私の活動を理解してもらうことはできませんでした。平行線です。

こうして私は、経済学の勉強と学生運動にどっぷりつかった大学時代を送ることになりました。

当時は仲間と一緒に3LDKの一軒家を借りて、共同生活をしていました。いつもネズミが走り回っているすごい家です。

ご存知のように、ネズミというのはかなり警戒心が強い動物です。

その臆病なはずのネズミが、あるとき寝ていて目を覚ましたら、胸の上にいて私の鼻を噛みそうになっていたこともあったくらいです。

ひどい生活といえばひどい生活なのですが、今から考えると、

「それでも楽しくやっていたなあ」

と懐かしく思い出されます。

現代史を学ぶことの大切さ

長々と私の学生時代の思い出を語ってきました。こういう話をしたのは、みなさんに歴史を学ぶことの大切さを伝えたいからです。

私が学生運動をしていた頃、みなさんはまだ生まれてもいません。

そんなみなさんが当時の話を聞かされても、

「昔の学生は乱暴だったんだな」

と思うだけかもしれない。

学生運動では少なからず死者も出ていることを知れば、「信じられない」と思うかもしれない。最初の感想はそれでもいいでしょう。

けれども、人間の本質というのは数十年や数百年といったスパンで変わるものではありません。当時の大学生も、今の大学生と根本の部分は同じです。

つまり、普通の若者だった。そういう人たちがなぜ、今では信じられないような行動をしたのか。

それを理解することが、歴史を学ぶということなのです。

歴史なら、これまで学校の授業でたくさん勉強してきたと思うかもしれません。けれども、高校までの歴史の授業は、基本的にいつ、何が起きたのか、事件と年号を覚えることが中心だったと思います。

なぜ、その事件が起きたのか、そこから現代を生きる私たちが何を学べるのか、という思考をうながすようなものではなかったはずです。

しかも、カリキュラムの関係で歴史の授業では近現代史が軽視されがちです。日本という近代国家がどのように生まれたのか。いくつかの大きな戦争を経て、現代の日本社会がどのように発展し、またそのなかで矛盾や社会問題に直面してきたのか。

それはとても重要な問題なのに、十分な教育が行われているとはいいがたいのです。たとえば高校の「日本史」の授業は、江戸時代までで終わってしまった、という人がほとんどではないでしょうか。

高校までの歴史の勉強が、無意味だと言いたいのではありません。それを土台にして、みなさんはもう一歩先のことを、自分の力で学んでいく必要があると言いたいのです。

特に、軽視されがちな近現代史を学ぶ意味は大きい。そのことも、この本のなかでは少しずつ話していきたいと思います。

「金の卵」と警備業

たとえば、「金の卵」という言葉をみなさんは知っているでしょうか。

これは、1960年代、日本の高度経済成長期まっただなかに生まれた流行語です。

戦後、日本の人口は爆発的に増えました。1947年から1949年の三年間で、800万人以上の子どもが生まれたと言われています。これがいわゆる「第一次ベビーブーム」です。

それまで日本の基幹産業だったのは農業です。地方の農家にも、当然ながらたくさんの子どもがいる。子どもたちが成長すれば、家業である農業を継承することになります。

しかし、農地を継げるのは一人だけです。普通は長男があとを継ぐ。

では、次男坊、三男坊、あるいは娘たちはどうしたらいいか。農村に大きな「余剰人員」が生じるわけです。

その一方で、戦後の日本では重工業を中心とした第二次産業が驚異的な発展をとげました。工業が発達している都市では、いくらでも人手がほしいということになる。

そこで、あと取りになれない農村の子どもたちは、中学校を卒業して義務教育を終えると、東京などの大都市へ「集団就職」しました。

この若年中卒労働者たちをマスコミが「金の卵」ともてはやしたわけです。

「金の卵」と言われれば、誰だって高く評価されていると思います。農村から東京へ出ていく若者たちは大きな希望を持っていたでしょう。自分の前には素晴らしい未来が開けていると思ったことでしょう。

しかし、実際にそうであったとは言いがたいのです。


私は高校進学に際して上京しました。国語の授業中、私が指されて朗読をすると、教室中からわーっと笑いが起こったものです。自分ではわからないのですが、新潟の訛りがあったのだと思います。

おそらく、「金の卵」と呼ばれて田舎から出てきた少年たち、少女たちも同じだったと思います。「田舎者」が都会に出てきたら、ことあるごとに笑われたり、からかわれたりする。

憧れていた都会の暮らしも、実際にはじめてみると馴染めないことも多かったでしょう。それだけでもつらいはずですが、彼らがしなければいけなかった仕事自体が、決して満足できるようなものではありませんでした。

中学校を卒業したばかりの、15歳、16歳の若者がどんな仕事をできるか、考えてみてください。彼らは典型的な未熟練労働者です。学校で専門知識を学んだことも当然、ないわけです。

そういう労働者に任される仕事とはどんなものか。単純で画一的な、悪く言えば「誰にでもできるつまらない仕事」です。

高度成長期のまっただなかで、工場をどんどん大きくするとともに、機械化・合理化を進めていた当時の企業では、そういう単純な作業をする人手を大量に必要としていました。「金の卵」とは、その輝かしい呼び名とは裏腹に、まさにそういった単純作業のために集められた労働者のことでした。

人を増やせば増やすほど事業が大きくなり、収益も上がるわけですから、企業にとってはイソップ童話にでてくる「金の卵」そのもののように見えたでしょう。

まだ中学を卒業したばかりの若者たちにとって、工場での単純作業や、商店や飲食店での画一化された作業がおもしろいものであるわけがありません。

それでも、「金の卵」たちの大半は真面目に働き続けました。けれども、中には都会に幻滅し、未来を見失い、ドロップアウトする人たちも出てきます。

日本に警備業というビジネスが生まれたのはちょうどこの時期、高度経済成長期でした。

セコムの設立は1962年。綜合警備保障の設立は1965年です。

新しい業態・業界が生まれると、法整備も必要になります。警備業法が制定されたのは1972年。私の父が警備業に転じたのも、この前後のことになります。

経済成長を背景に、大都市に大量の未熟練労働者が集まる。その中には、ドロップアウトする人たちも出てくる。当然、治安も悪化する。

すると、安全・安心を提供するサービスのニーズが高まり、それが新たなビジネスモデルを生む。

先ほどお話しした「金の卵」という現象と、警備業の興隆は深く関連していることがわかると思います。

「物事の必然性」を歴史に学ぶ

これを抽象化して言えば、「物事の必然性」ということです。

警備業というビジネスは、偶然に生まれたのではない。偶然に流行して、社会に定着したのではない。新しいサービスが必要とする、世の中の変化があって必然的に生まれたのです。

必然だからこそ、警備業が生まれたのは新潟や山形のような地方ではなく、東京という大都市だった。そこから後に日本中に拡がっていきました。この時代の大都市で起きていたことと、必然的に結びついていたわけです。

この高度成長期に、学生運動が激しくなったのも、また必然です。

大学進学率が2割を超えたのは、ようやく1972年のこと。当時の大学生は、現在よりもはるかに少数のエリートでした。

つまり、社会の問題に対して敏感であり、自分たちがそれを解決しなければいけないという気概もあった。エリート中のエリートたちが集まった東京大学で、特に激しい学生運動が起こったのも「物事の必然」なのです。

歴史の教科書に乗っている年表を見ているだけでは、どんな大事件も「点」でしかありません。どれも偶然に、ある時、ある場所で起こったことのように見えてしまう。

そこから一歩進んで、点と点を結ぶ線を読み取ること。歴史上の出来事を、それを引き起こした必然性とともに知ること。物事の必然性を理解すること。

これも、歴史を学ぶことの大きな意味の一つなのです。

「いずれは独立しよう」と決意する

学生運動に没頭していた私は、当然ながら就職することはできませんでした。

というよりも、もともと就職するつもりもなく、大学院に進学して研究者になりたかったのです。

しかし、研究者への夢も、先生から「お前の性格では無理だ」と言われてあきらめざるを得ませんでした。研究者には欠かせない、英語とロシア語の能力が足りなかったせいもあります。

しかたなく私は、父の会社に入れてもらうことになりました。いずれは父のあとを継いで経営を、と考えての選択でした。


ところが、父と私とでは、経営についての考え方がまったく合いませんでした。

当時から今にいたるまで、私の経営者としての理念は変わりません。

企業とは、「平等を提供する場」でなくてはならない。たとえばよりよい賃金や昇進については、年功序列ではなく、与えられるべき人に与えられなくてはならない。

そんな私の考え方は、父にはまったく受け入れてもらえなかったのです。

父との対立から、「出社禁止」を言い渡されたこともありました。

もちろん、この間まで学生運動に明け暮れていた私と、警備会社のどちらかといえば保守的な気風が合わなかったということもあるでしょう。

そんなわけで、父の会社に入れてもらったものの、25歳のときにはすでに「いずれは独立しよう」と決めていました。

完全に父の会社から離れようと思ったのです。目標は、30歳までに自分の会社を起こして独立することです。

人材サービス業との出会い

独立に向けて、私はさっそく準備をはじめました。

まずは、どんなビジネスをやるのかを決めなければいけません。とはいえ、その時点では、特にあてがあったわけではありません。

さまざまな企業を訪問して先輩経営者に会ったり、本を読んだりして、情報を集めました。

そんななかで見えてきた最大の問題は、当たり前ですが、資金がないということです。たとえば、喫茶店を1店開業するにしても、当時のお金で2000万円や3000万円はかかる。そんなお金はありません。

「資金はあまりない。どうやったら起業できるんだろう」

と模索する日々が続きました。

そんなある日、雑誌の『日経ビジネス』を読んでいたら、人材サービスについての記事に出会いました。

いわく、人材派遣業は非常に小さな企業規模で営むことができる。小さな事務所を借りて、企業に営業をかけて、人を集めて派遣すればいい。開業の資金は少なくて済む、と。

この人材派遣業との「出会い」によって、起業への道が一気に開けました。

1988年の4月23日。29歳の誕生日に、私は自分の会社、綜合フォーラムビジネスを設立しました。

30歳までに、父のもとを離れて独立するという目標を達成できたのです。

創業間もない頃、テンプスタッフ創業者篠原欣子社長（当時）と

社名にある「フォーラム」というのは、もともと古代ローマの公共広場のことです。市民の集会、討論の場、市場としても使われた都市の中心がフォーラムです。そこから派生して、多くの人々が集まる場所、という意味を持っています。

多くの人が集まり、自分の可能性を追求できる場所。そのために、「平等」を提供できる企業。そんな願いを、私はこの社名に込めたのです。

『ザ・ガードマン』と『ハケンの品格』

前に、警備業という業種が生まれた「必然性」について話しました。

私が起業するにあたって選んだ人材派遣業という仕事が世の中に生まれたのも、もちろん「物事の必然性」によっています。

私が起業した1988年には、日本はバブル景気の時代に突入していました。

それ以前の高度経済成長期から当時まで、日本の経済は急速に成長してきました（といっても、その間には1973年のオイルショックなど、何度かの不況期をはさんではいますが）。

それは、同時に東京をはじめとする大都市への一極集中の過程でもあったのです。

たとえば、東京にある大学の評価が上がって、受験の偏差値もそれにともなって上がり、いわゆる「いい大学」の多くは東京にある、ということになる。「いい大学」で教育を受けたければ、地方から東京にでていかなければいけない。

そうなると、地方にある大企業も、どんどん東京に本社を移します。優秀で意欲的な人材は東京にある「いい大学」に行っているわけですから、レベルの高い採用を行うためには「東京の会社」になってしまったほうが都合がいいからです。

こうして、大都市にはどんどん人が集まり、企業が集まり、お金も集まってくるようになります。

働く人が増えれば、働き方のニーズは多様化する。

同時に、企業が増えればその雇用のニーズもさまざまな形を取るようになる。

その結果、人材派遣という新しい働き方が生まれ、人材派遣業というビジネスが成立することになるわけです。これもまた、必然の流れです。

興味深いのは、こうした世の中の流れが、大衆的な文化に反映することです。

警備業というビジネスが勃興した１９６５年（ちょうど綜合警備保障が設立された年です）には、ＴＢＳで『ザ・ガードマン』というテレビドラマが放送され、ブームになりました。

タイトルの通り、警備会社のガードマンたちが犯罪と戦うというお話です（ガードマンたちがまるで刑事のように犯罪捜査にあたるという、かなり荒唐無稽なストーリーではありましたが）。

一方、人材派遣業がテレビドラマの中で描かれ、話題になったのは２００７年の『ハケンの品格』（日本テレビ）です。

「ハケン」という働き方、人材派遣業というビジネスが世の中に広く認知され、お茶の間で楽しまれるテレビドラマのテーマとなったのは、21世紀になってから、ということになります。

私が綜合フォーラムビジネスを設立した１９８８年から『ハケンの品格』の２００７年までの約20年間は、人材派遣業界が成長し、拡大していく時期だったわけです。

綜合フォーラムビジネスは、その後テンプスタッフフォーラムと社名を変え、事業所も全国に展開していきました。

沖縄、高知、愛媛、松江と、各地に出店するたびに、私は自分で現地へ行って拠点の立ち上げを行いました。

途中、35歳のときに東京へ進出、給与計算代行の会社を立ち上げ、都内で飛込み営業をしました。現在のアウトソーシング社です。40歳のときには台湾、45歳のときには中国の大連へも行っています。もともと、30歳までに独立、35歳までに東京、次は……と5年ごとに目標を立て、そのために何が必要か逆算して計画を立て行動しています。

文化とコミュニケーションという難題

事業を展開していく一方で、私は勉強をすることも重視してきました。

つねに新しいことを学び続けなければ、変化していく社会のなかでビジネスを成功させることはできません。

中でも、Young Presidents' Organization（ＹＰＯ）への入会は、貴重な勉強機会の一つになりました。

ＹＰＯは、世界１３０カ国、２万９０００人以上の若手経営者（加入申し込み時で45歳以下であることが「若手」の定義です）が参加している団体です。

参加が認められるためには、経営している事業の規模などのさまざまな基準があり、新潟県の経営者で参加しているのは私を含めまだ4名だけです。

当然、日本でも有数の有名企業の経営者たちがメンバーに名を連ねています。

このYPOで、数多くの有名経営者たちと出会い、交流することで、私は本当にたくさんのことを学ぶことができました。

今でも印象が強いのは、YPOに入って間もない頃のある出来事です。

ある日、東京で開かれた会合で、紹介された先輩経営者は、私にこう質問しました。

「定宿はどこ?」

最初は、何を聞かれているのかわかりませんでした。

もちろん、日本語ですから言葉の意味はわかります。私は新潟に住んでいるので、東京で会合があればホテルをとる。いつも使っているホテルはどこか、と聞かれているのです。

しかし、この人は、なんでそんなことを知りたいのかがわからない。どういう意図があるのかがわからないわけです。

この先輩経営者が聞きたかったのは、ようするに「お前はどんなクラスなんだ？」ということだったとわかったのは、しばらく後のことです。

いつも泊まっているホテルは、どのくらいのランクのホテルなのか。帝国ホテルなのか、オークラホテルなのか。それともビジネスホテルなのか。

お前は、ホテルにどのくらいのお金を出せるクラスの人間なのか。さらに、お前の会社は、どのくらいの規模で、どのくらいの業績を上げているのか。

「定宿はどこ？」という質問は、こういう意味を含んでいる。当時の私はもう40歳を超えていましたが、それがすぐには理解できなかった。

この質問の意味がわかって、まず感じたのは、驚きです。

「都会の人は、そんなことを気にするのか」

と、ある種のカルチャーショックを感じました。

次に考えたのは、カルチャーとコミュニケーションの関係のおもしろさでした。

「定宿はどこ？」

という言葉自体は、日本語を話す人ならたいていは理解できます。

しかし、相手がその質問によって何を知ろうとしているのか、何を言おうとしているのかは、相手が持っている文化的背景を知らなければ理解できない。すると、当然ながら的確な答えはできないし、自分が答えたことが相手にとってどういう意味を持つかも理解できない。

つまり、コミュニケーション能力の土台は、他者が持っている多様な文化の理解である。いくら言葉が流暢でも、ボキャブラリーが豊富でも、文化がわからなければ適切なコミュニケーションはできない。

異文化を理解するためには、柔軟な思考はもちろん、あらゆる物事に敏感に反応できる感性がなくてはいけない。

社会でのコミュニケーション、特に、グローバル化した社会でのコミュニケーションの根本には、感性が必要なのだ。そんなことを考えたのです。

このことは、これから社会に出る皆さんに身に着けてほしい能力、生きる姿勢とも深く関連してきます。それについては後で詳しく話すことにしましょう。

ＹＰＯ以外でも、学んだことはたくさんあります。

たとえば、マーケティング・競争戦略・知識経営などの大家である一橋大学名誉教授の竹内弘高先生と出会い、教えを乞うことができたのは貴重な体験でした。

特に、社会を変える新しい創造、イノベーションについて、深く学び直すことができた。

竹内先生の教えについても、後の章でお話しすることになると思います。

第2章

時代のニーズ、変化への対応

感性を磨いて成長しよう

変化する社会にどう対応するべきか

社会は、つねに変化しています。

今までお話しした、私の子ども時代、学生時代の話を聞いて、別世界のことのように思えた人も多いでしょう。社会はこれまでにも大きく変化してきました。今も変化しています。

そして、変化のスピードはどんどん速くなっているのです。

今後、みなさんが自分の道を切り拓いていくためには、社会の変化に対応していくことが欠かせない。これは明らかなことでしょう。

すでに、時代の変化についていけなくなっている大人はたくさんいます。世の中が変わってしまったのに、旧態依然《きゅうたいいぜん》のことをやろうとして「なんでうまくいかないんだろう?」と首をかしげている。経済の世界でも政治の世界でも、そういう例はいくらでも目にします。

そんな大人を見て、みなさんは「なんて愚かなんだろう」と感じるかもしれません。けれども、みなさんもまた、これから先の時代の変化に対応できなければ、同じような大人になってしまうということです。

そのためにまず必要なことは、すでに何度か話した「物事の必然性」を理解することです。

なぜ、カラオケ店は衰退したのか？
――時代の先を読むケーススタディ1

「物事の必然性」については、なぜ警備業という仕事が生まれたのか。どのような経緯で人材派遣業という業態が生まれたのか、を例にとってすでに説明しました。

これに加えて、もう少し現在に近い事例、現在進行中の事例も取り上げて、もう一度考えてみましょう。

カラオケは、現代日本ではとても一般的な娯楽です。誰でも何度かはカラオケに行ったことがあると言っていいでしょう。

けれども、実はカラオケ店の数は、90年代の終わりに大きく減少しています。

それまでは、カラオケ店の施設数は順調に増えてきていました。

ということは、増えすぎた結果、競争が激しくなって、倒産する店も出てきたということなのか——とまずは考えられる。

ところが、実際に当時の状況を見ていると、どうもそうではないということがわかりました。

たしかに、ひとつの地域にA、B、C、Dというカラオケ店があって、競争が激しいようにも見えます。しかし、競争の結果、このうちのどれかが生き残るかというとそうでもないのです。

実際は、AもBもCもDも共倒れ、という事例が多く観察されるわけです。

では、一体何が起きていたのか。

それは、携帯電話の普及です。

カラオケ店の顧客のかなりの割合は、お小遣いで遊びにくる若い人たちで占められていました。高校生や大学生、若い社会人が、ポケットマネーでカラオケを楽しんでいたわけです。

携帯電話が普及すると、若い人たちの多くは自分のお小遣いからその利用料を支払わなくてはいけなくなりました。そのぶん、他のことに使えるお小遣いは減ります。だからカラオケに行く回数も減ってしまうわけです。

人々が何に自分のお金を使っているか。これをマーケティングの世界では「消費行動」と呼びます。

実際に、90年代末以来の消費行動を分析してみると、お小遣いの使いみちのなかで伸びているのは携帯電話料金です。

結論として、たしかにカラオケ店は、ある意味では競争に敗れたと言えるでしょう。と言っても、この場合の「競合他社」は、同じカラオケ店ではないのです。

技術革新によって、携帯電話という新たな生活必需品が普及した。これまで同業種だけを「競合他社」だと思っていたカラオケ店は、携帯電話会社という予想もしなかった「競合他社」との競争に敗れてしまったのです。

影響を受けたのはカラオケ業界だけではありません。

ある時期から携帯電話にはカメラがつくようになりました。最新のスマートフォンのカメラは極めて高性能で、誰でも苦労なくきれいな写真を撮れます。

こんな「競合他社」が出てきたのでは、カメラ業界にとってもたまったものではありません。

あるいは、スマートフォンでは動画をいつでもどこでも見られるので、たとえばレンタルビデオ店というビジネスモデルも駆逐されてしまいます。

携帯電話が普及して、腕時計をする人も減りました。

本が売れない、若い人が新聞を取らなくなった、と言われるようになったのも携帯電話の普及後のことです。ニュースを手に入れる、テキストを読む媒体としてもスマートフォンはとても便利です。

こうした例を見ると、技術の革新は、これまでマーケティングの世界で考えられていた「競合」の概念さえも新しいものに変えてしまった、と言えるかもしれません。

ロードサイドのショッピングモールは生き残れるのか
——時代の先を読むケーススタディ2

これと似た話で、まさに現在進行中の興味深い事例があります。

2017年に、私はアメリカのルート66を旅してきました。

ルート66というのは、アメリカの中東部にあるイリノイ州のシカゴと、西海岸にあるカリフォルニア州サンタモニカを結ぶ旧国道です。

地図で見るとわかりますが、ルート66は、あの広大なアメリカ大陸の約4分の3を横断している長い道です。

そこを、約4000キロにわたって車で走ってきました。毎日200キロから300キロは車を走らせ、モーテルに泊まるという旅です。

ルート66は旧国道ですから、その後の幹線道路の発達によって衰退してしまった道です。

だからこそ、その道沿いには「古き良きアメリカ」が残っていると言われている。

今、あえてこの古い道を走ってみようというのはちょっとした流行にもなっていて、「ルート66を探す旅」といった趣旨のガイドブックも出ているくらいです。

私たちがイメージするアメリカは、世界一の経済大国です。なおかつ、ＧＡＦＡ（Google、Amazon、Facebook、Apple）のような世界を変えていく革新的企業を輩出している国でもあります。

しかし、私たちが知っている経済大国、という意味での「アメリカ」は、ニューヨークがある東海岸と、ロサンゼルスやシリコンバレーを擁する西海岸のごく一部のことでしかありません。

その間に挟まれた広大な内陸部、特に中西部には、ろくに産業もない、停滞して貧しいアメリカが拡がっているのです。

あえてステレオタイプなイメージで言えば、ピックアップトラックに乗り、髪を後ろで束ね、ビールを飲んで酔っ払っているプア・ホワイト（白人貧困層）たちが暮らすアメリカ、と言ってもいいでしょう。

言うまでもなく、こうした人々こそがアメリカ国内の経済格差に憤り、ポピュリズム的な（大衆受けのいい）政策を掲げたドナルド・トランプ大統領を誕生させた背景でもあります。

ルート66の旅というのは、こうしたアメリカの現実を目の当たりにする旅でもあるのです。

この旅の過程で、気づいたことがありました。

ロードサイドにある巨大なショッピングモールが次々とつぶれていっているのです。日本でも、郊外型のショッピングモールはここ20年ほどで爆発的に増えました。それが、アメリカではどんどんつぶれているのです。なぜでしょうか。

もう一度、カラオケ店の事例を思い出してください。競合となったのは他のカラオケ店ではなく、意外なところから現れた携帯電話でした。

アメリカのショッピングモールの場合も、競合は同業他社ではありません。Amazonです。

同じ買い物をするなら、ショッピングモールまで出かけていって、商品を買って、車に積んで帰ってくる――という手間をかけるよりも、Amazonでクリックして自宅まで届けてもらうほうが便利です。

もちろん、実店舗に行って実物を見てから買いたい商品もあるでしょう。では、そういう商品ならショッピングモールで買うかというとそうではありません。

モールまで行って、たとえばお目当ての戸棚の色味を見て、自宅のリビングに合うかどうかを確かめる。そのまま帰宅して、Amazonでその戸棚を注文する、といった行動を消費者はとるようになっています。

ショッピングモールは、Amazon（をはじめとするネット通販会社）という競合に敗れて、衰退していっている、というわけです。

同じことは、おそらく日本でも遠からず起きるでしょう。これもまた、「物事の必然性」です。

変化のスピードが増すなかで、こうした必然的な変化に気づくこと、常に変化に敏感であること、そしてさまざまな世界を見て変化の兆候に気づくことはますます重要になってきます。

社会でのコミュニケーションと感性

社会の変化に対応していくために大事なことは、まず第一に「物事の必然性」を理解すること。

2つ目は、コミュニケーション能力と感性です。

現代社会の変化のスピードを速めている最大の要因は、情報技術の進歩でしょう。わかりやすく言えば、インターネットが世界を狭くし、情報の交換を速くしたからこそ、世の中はスピーディに変わるようになったのです。

一方で、情報技術の進歩は、変化への対応力も高めています。

大量のデータ処理による未来予測については、AIを使えば簡単に、高精度のアウトプットを出すことができてしまいます。

AIは、これからますます賢くなるでしょう。低コストで活用できるようにもなるでしょう。

これまで人間が行ってきた仕事、それも単純労働だけではなく、たとえばマーケティングのような高度に知的とされてきた仕事までもが、ＡＩに取って代わられるようになるのです。

ということは、人間に求められるのは、人間にしかできないことです。アナログな、人間くさい能力が求められるのです。

たとえば、データ化できない変化に気づくこと。

あるいは、人の感情を慮れること。その上で、他者とよき影響を与えあえること。

つまり、広い意味でのコミュニケーション能力と、その土台となる感性が重視されることになります。

ＡＩ時代に必要な人材であるためには、コミュニケーションと感性を磨かなくてはいけないのです。

コミュニケーションにせよ感性にせよ、とても広い意味を含む言葉です。どのような力を、どのように磨いていったらいいのかについては、もう少し具体的な説明が必要でしょう。

「無意識の意識化」からはじめよう

前に、私が先輩経営者から「定宿はどこ？」と質問されたときの話をしました。

相手はこちらのレベル、クラスを測るつもりでこの質問をしていました。

でも、聞かれた自分には、その意味がわからない。言葉の意味はわかるけれど、相手が何を聞きたいのかはわからなかったわけです。

ということは、自分が何を答えたらいいのかもわからないということ。これではコミュニケーションをとることはできません。

コミュニケーションをするときにまず前提にしなければいけないのは、相手と自分は、感じ方・受け取り方が違うということ。

そういった感性をつくる土台となる、文化的な背景——わかりやすく言えば、生まれ育った環境などです——も違う、ということです。

これは、良し悪しの問題ではありません。人それぞれが持っている感性は種類が違うということです。そして、人によって、いろいろな物事に対する感度は高かったり低かったりという差があるということです。

だから、コミュニケーションにおいては言葉を正しく伝達することと同時に、相手を思いやることが大切なのです。

相手を思いやるというのは、相手がどんなふうに感じるのか、どういう感性・感情を持っている人なのかを理解する、ということです。

この話をすると、思い出すエピソードがあります。

私の会社に、とても優秀な女性営業社員がいます。

彼女は年間で4000万円を売り上げるトップセールスで、会社にとっては非常に価値のある、貴重な人材です。

ところが、ひとつ問題がありました。彼女が担当するクライアントやスタッフから、何回もクレームが入るのです。ひっきりなしにトラブルが起きてしまう。

彼女は優秀な人なのに、いったいどうしてこんなことが起きるのか、と不思議に思っていました。

それが、あるとき会社のスタッフみんなで飲み会を開いたときに理由がわかりました。

宴会では、魚の料理が出てきました。とてもおいしくて、みんなであっという間に平らげた。皿の上には、魚の頭と骨としっぽだけが残ります。

普通のコミュニケーション能力がある人だったら、こういうときお店の人にどう言うでしょうか。

「すみません、このお皿、もう下げてもらっていいですか。とてもおいしかったです」

といったことを言うと思います。

ところが、この彼女がお店の人になんと言ったか。

「汚いの下げて」

と言ったのです。

これを聞いた瞬間、私は彼女が取引先とトラブルになりやすい理由がわかりました。

たしかに、魚料理を食べ終わった後の皿というのは、客観的に見てきれいなものではありません。

その状態を、「汚い」と描写するのは、日本語としては間違ってはいない。

けれども、その料理を用意して、提供してくれた人にたいして、「汚いの」と言ったら、相手はどう感じるか。そもそも、その皿がもしも「汚い」としたら、汚く食べ散らかしたのはこっちです。

相手は不愉快な気持ちになるに決まっています。それが彼女にはわからないのです。

繰り返しますが、彼女はとても優秀な営業社員で、一生懸命仕事に取り組んでいました。非常に行動が速くて、有能です。

だからこそ、ぱっとお皿を見て、それが「汚い」と感じたら、そのまま「汚いの下げて」と口に出してしまう。

自分の言葉がどう受け取られるかを頭のなかでよく考えずに、直感で行動してしまうわけです。

彼女の感性においては、それを「汚い」と言うことは普通なのでしょう。

しかし、それとは違う感じ方をする人もいるということを想像できない。人によって感性が違うということに思い至らないわけです。

もちろん、悪意があってこういう言葉づかいをしているわけではありません。

ある場面で、どういう言葉をつかってコミュニケーションをするか、ということを、私たちは普段、無意識に判断しています。それは、すでに言ったようにこれまで育ってきた文化的な背景によってつちかわれ、身体にしみついたものです。

私に「定宿はどこ?」と聞いた人も、意識的にそういう質問をしたわけではないと思います。そういう質問をする、そういう質問で相手の価値をはかるのがあたりまえの文化の中で育ってきた。その結果、無意識にそう聞いてしまうのでしょう。

コミュニケーション能力を高める、そのために感性を磨くというのは、こうした無意識を意識化するということです。

自分の感じ方、言葉の選び方といったものが、これまでの人生の中で身体にしみついて、無意識に外に出てしまうものだということを、まず自覚する。

そして、他人は自分とは別の感性を持っていて、自分とは違う感じ方をする、ということをしっかりと意識する。そのギャップがトラブルを生みかねないということを知る。

そのうえで、これまで無意識に行ってきたコミュニケーションを、意識的に反省し、改善していく。

これが大切なことです。

悪意のない、無意識に出てしまった一言でも、相手は重く受け止めることもあります。その言葉に、あなたという人間の本質が現れている、と理解されてしまうかもしれないのです。

ちょっとした一言で、「ひどい人だ」「信用ならない奴だ」と判断されてしまうことだってあるのです。

お酒の飲み方にも感性はあらわれる

コミュニケーションは、言葉によるものだけではありません。

私の会社では、宴会をやるときには「始末がいい」飲み方をしようということを徹底しています。

たとえば飲み放題のプランで予約したとき、いくら飲んでも値段は変わらないからといって、ジョッキにビールを残したまま次の飲み物を頼むようなことをしてはいけない。

宴会が終わってテーブルを片付けるとき、ジョッキやグラスに大量のお酒が残されていたら、お店の人はどう思うでしょうか。

「だらしない飲み方をする連中だ」

「こういう飲み方をするなら、大した会社ではないな」

と思われるかもしれません。

逆に、出してもらったお酒をきれいに飲み干して、食べ終わった皿を下げやすいようにすみに寄せて店を出たら、「気持ちのいい人たちだな」と好印象を持ってもらえるかもしれないわけです。

これもまた、言葉を用いないコミュニケーションのひとつです。

言葉によるもの、そうでないものにかかわらず、社会でのコミュニケーションと感性を磨くために、まずは「無意識の意識化」を心がけてください。

この基本ができてはじめて、その先に進むことができます。

つまり、自分の魅力を高めて、多くの人と交流を広げていく。人との出会いのなかで、会話のキャッチボールをたくみにできるようになって、実りの多いコミュニケーションができるようになる——といった段階に進むことができるのです。

第3章

大学時代に何をすべきか

社会に出るためのトレーニングをしよう

「おはようございます」の挨拶からはじめよう

これからみなさんが社会に出ていくために、何を身につけるべきなのかについて前章でお話ししました。

大事なのは、「物事の必然性」を理解すること。そして、コミュニケーションと感性を磨くことです。

この章では、そのために具体的に何をすべきなのか。どんな「トレーニング」をしていけばいいのかを話していきたいと思います。

まず、なんといっても大切なことは、多くの人と関わることです。

魅力的な人と出会い、影響を受ける。

自分では気がつけなかった知見を学ぶ。

自分にはない価値観や、感性に触れて、ショックを受けたり感動したりする。

恋愛をする。心を激しく動かされる経験をする。泣いたり笑ったりする。

こうしたことすべてが、人生を豊かにしてくれるはずです。

では、たくさんの人と出会い、関わっていくために何をすればいいのでしょうか。

簡単です。人と顔を合わせたら、挨拶をするようにすればいいのです。

学校の友人や、バイト先の仲間といった人はもちろんです。

たとえ名前は知らなくても、同じ授業に出ている顔見知りの人。よく行く店の店員さん、ご近所の人。

およそ自分と接点のある人なら誰にでも、積極的に「おはようございます」「こんにちは」「こんばんは」と挨拶をするようにしてみましょう。

「挨拶は人間関係の基本」というと、「礼儀」や「マナー」の話という感じがするかもしれません。年長者がしがちな、説教の臭いを感じ取る人もいるでしょう。

もちろん、挨拶にはそうした社会的儀礼の側面もあります。

けれども、本質はそこではありません。

挨拶は、「あなたと関わりたい」というメッセージであり、「あなたを理解したい」という意思表示なのです。

人が人に敬意を表すための、もっとも簡単な方法だと言ってもいいでしょう。

しかも、特別に社交性の高い人であるとか、すでに高いコミュニケーション能力を身につけた人でなければできないことではありません。ちょっとした心がけさえあれば、挨拶は誰にでもできます。

良い出会い、良いコミュニケーション、良い人間関係の出発点は、まずは挨拶からなのです。

感性を磨く行動をしよう

学生時代にやっておいてほしいこと（もちろん、社会人になっても続けてほしいことですが）の二つ目は、すでに何度か言ってきたことですが、感性を磨くことです。

感性を磨くといっても、難しく考える必要はありません。

多様な経験をすること。その経験をじっくりと味わうことが基本です。

たとえば、一橋大学名誉教授の米倉誠一郎先生の勉強会では、こんなことを教えてもらいました。

映画が好きな人はもちろん、今まではあまり映画を観てこなかったという人でも、アカデミー賞をとった作品くらいは観ておきなさい、と米倉先生はおっしゃいます。

とりあえず、評価の高い作品は観ておいてまちがいはないでしょう。そのうえで、興味があれば自分だけの傑作を探してさまざまな作品を観てみるのもいいでしょう。

もちろん、映画だけではありません。

本を読むことも大事ですし、美術館に行って絵を見るのもいい。芸術・文化には幅広く触れておくことです。

インターネットの発達によって、あらゆる分野で初心者向けの親切な案内が簡単に手に入るようになっています。ネットで検索してみれば、近くでやっている美術展のなかに興味を持てるものが見つかるかもしれません。こうした道具をどんどん活用してください。

茶道や華道に挑戦してみるのもいいでしょう。

私は、茶道裏千家の特別参事で、新潟の副支部長も務めさせてもらっています。ご存知の人もいるかもしれませんが、お茶を楽しむときには、必ず指輪や時計をはずします。器を傷つけないようにです。こうしたちょっとした心配りにも、茶道の美意識があらわれています。

今まで縁遠いとか、敷居が高いと思っていた文化でも、自分で体験してみることで、いろいろな発見があるでしょう。その驚き、感動が感性を育ててくれるのです。

あるいは、華道を体験することで、西洋のフラワーアレンジメントとの違いに気づく。フラワーアレンジメントでは、基本的に花を左右対称に配置します。一方、華道ではアシンメトリーに花を活けるという違いがあります。

この違いから、日本的な美意識の独自性に気づくことができます。文化によって、「美しい」という概念が異なることも体感することができます。

自国の文化を学ぶことで、異文化にも目が開かれるのです。これも、あらゆる文化の領域で学べることでしょう。

電車の中や車の中で何気なく音楽を聴いているときも、少しだけ意識を変えてみましょう。

よく聴くお気に入りの歌があるなら、その歌詞を改めて味わってみる。そして、「自分だったらこんな言葉を思いつくだろうか？」「同じことを、自分だったらどんな言葉で表現できるだろうか？」と考えてみる。どんな表現上の意図があって、作者が言葉を選んだのかを考察してみる。

これは、なんとなく「いいな」「好きだな」と思っているもののどこがいいのか、なぜ好ましく感じられるのかを言語化するということ。すぐれた文化や芸術に含まれているセンスに自覚的になるということです。

海外経験で視野を広げる

異文化を学ぶ、文化の多様性を感じるためには、海外に出てみるのも強くおすすめしたいことです。

私の海外経験は、23歳のとき、警備業について学ぶためにアメリカに行ったのがはじめてでした。

正直、このときはそれほど多くのことを学べたとは思いません。

39歳のとき、9ヶ月間、アメリカに住んで語学学校に通いました。自分が海外で通用する人間になりたいと思ったのと、台湾への出店を前に、英語を話せなければコミュニケーションがとれないと思ったからです。学びが多かったのはこのときです。

やはり、旅行に行くのと、住んでみるのとではまったく違います。より多面的に、いい部分も閉口する部分も含めて、その国・土地の文化を知ることができます。

たとえば、名刺を出して自己紹介をするとき。

日本人は、「●●商事の○○です」という言い方をします。

自分を説明するために、会社名が最初にくるのです。

つまり、自分のアイデンティティを定義するのは所属している会社であると思っている。

さらに、自分ができる仕事や、能力や、社会的なクラスや……といったことまで、会社名によって説明しようとする。相手も会社名ですべてを理解してくれるだろう、という発想があります。

アメリカ人の自己紹介はまったく違います。

名前以外で、まず相手が知りたがることは、「あなたは何ができるの？　何をしているの？」ということです。

ここで、勤務している会社名を言っても相手は納得してくれません。

そういうことではなくて、あなたは何ができるのか。

エンジニアなのか？　会計の専門家なのか？　セールスパーソンなのか？　研究者なのか？　だとしたら専門分野は？　……ということを聞いているわけです。

アメリカで自己紹介をするためには、会社名を使わずに、自分に何ができるのかを説明できなくてはいけないのです。

このことからわかるのは、「有名な会社に勤めているからすごい」「できる人にちがいない」といった発想は、アメリカ人にはないということでもあります。

このことは、キャリアに対する考え方にも影響しています。

たとえば、ハーバード大学やスタンフォード大学といったアメリカのいわゆる「一流」

大学の卒業生が、どのような進路を選ぶか。

一番できる人、優秀な人は起業します。二番手クラスだと士業。弁護士や会計士などです。

そして、四番目が公務員なのです。

第三グループくらいになって、やっと大企業への就職が出てきます。

日本では、東京大学の優秀な卒業生が国家公務員になることがいまだに多いことを考えると、「いい仕事」に対する考え方がまるで違うと言わざるを得ません。

これは簡単に言うと、明治時代の考え方をいまだに引きずっている、ということです。日本が近代国家としての産声をあげたばかりのときには、まずは欧米列強（先進国）に追いつくべく、国家のシステムを作ることが最優先課題でした。つまり、官僚機構を整えなければいけない。というわけで、大学は官僚の養成機関としての役割を一番に期待されたわけです。

言うまでもなく、すでに日本が先進国の一角を担うようになった現在では、大学の役割は違います。今の時代に求められているのは、新しいビジネス、イノベーションを生み出せる人材の育成です。

にもかかわらず、一流とされる大学が明治時代の伝統をひきずってしまっている。学生の意識も古いまま、というのが日本の現状なのです。

優秀な人材が、自分で事業を起こすよりも大きな組織で働くことを選んでしまうようだと、なかなか革新的なビジネスは生まれてきません。社会がイノベーションを生み出す力が弱くなってしまうわけです。

日本にＧＡＦＡのような企業が生まれない理由とも、これは関係しているでしょう。

アメリカに住んでみて、これまでは知識として知っているだけだった人種差別も実感しました。

私自身、免許証の更新手続きをするときに、アジア人だからというのでずいぶんひどい扱いを受けました。

また、街を歩いていて気づくのは、人種の違うカップルをあまり見ないということ。

特に、白人男性とアフリカ系女性のカップルは、これまで何度も渡米していますが、一度も見たことがありません。

意識の面では、白人の男性よりは女性のほうがやや柔軟化しているのかもしれない、と感じます。白人の女性とアフリカ系の男性のカップルは何度か見かけたことがあるからです。

これがヨーロッパの各国だと、また事情が違います。白人男性とアフリカ系女性のカップルが腕を組んで歩いているのを何回も見かけました。

また、アメリカでは、白人女性と親しくしていたアフリカ系男性が白人至上主義者の暴力を受ける、といった事件もいまだに発生しています。キング牧師が黒人差別撤廃を訴えた１９６０年代の話ではなく、今でもです。

アメリカ合衆国は、かつては「人種の坩堝」と言われ、現在では「人種のサラダボウル」と呼ばれる国です。

とはいえ、現実を見ると、

「アメリカというのは、まだまだ多様性が低いところなのだな」

と感じさせる面もある。

こうしたことも、自分で海外に出て、生活してみることでわかってくるわけです。日本を出ることは、自分の視野を広げ、物事の考え方のバリエーションを増やしてくれます。どんどん海外に旅行するだけでなく、機会があれば留学にも挑戦してほしいと思います。

ちなみに、日本からの留学生は、男女別の割合で見ると男性が2割か3割、女性が7〜8割を占めています。女性のほうが積極的なのです。

この数字をみると、将来の日本では、女性のほうがどんどん起業する、経営者をはじめとして女性のリーダーのほうが多くなっていく、という予測もできるかもしれません。

ぜひ、男性にも奮起してもらいたいところです。

近代史・現代史を学ぼう
――国際連盟と国際連合の違いを説明できますか？

これまで話してきたように、若いうちはとにかく様々な経験をしてほしい。何にでも興味を持って、好奇心を持って行動してほしいのです。

こうした経験は、すべてがある意味で「勉強」です。

とはいえ、狭い意味での勉強、知識を蓄え、考える力を鍛えるという意味での勉強にも、もちろん力を入れてほしいと思います。

特に強くおすすめしたいのが、前にも話した近代史、現代史の勉強です。

現在の世界、社会がどうしてこのような状況になっているのか。

これからの世界はどうなっていくのか。社会のありようはどのように変化していくのか。

こうした「物事の必然性」を理解するうえで、近代史・現代史は最高の教材です。にもかかわらず、高校までの歴史の授業では軽視されがちであるということはすでに述べました。

では、どうやって歴史を学べばいいのか。

これまで授業で学んできた知識は、基礎として活かすことができます。しかし、学び方は高校時代までとは変えなくてはいけません。

たとえばみなさんは、国際連盟と国際連合の違いを説明できるでしょうか。

まず、「教科書的」な説明から見てみましょう。

国際連盟というのは第一次世界大戦（1914年～1918年）の後に設立された国際機関です。アメリカのウッドロー・ウィルソン大統領が提唱し、世界の平和と国際協力を目指してつくられました（といっても、当のアメリカ合衆国は議会の反対があって参加しなかったのですが）。

一方、国際連合はというと、これは今もある、いわゆる国連のことです。こちらは第二次世界大戦（1939年～1945年）の後に設立された機関で、国家間の平和と協力を目指すものである点は国際連盟と変わりません。

二つの世界大戦の後に、平和を目指して国際機関が設立された。このことは、年表に書いてある知識です。もちろん二つは別物だということは誰にでもわかる。

では、その質的な違いはどこにあるのか。なぜ、その違いが生まれたのか。これを説明できるでしょうか。

私はよくこの質問をするのですが、なかなか答えられる人はいません。無理もないことだと思います。そこまで踏み込んで勉強をする機会は、学校の歴史の授業ではなかなかないでしょう。

答えを言うと、両者の違いは、植民地に対する姿勢にあります。

大きな戦争があった。各国が多大な犠牲を払った。もうこんなことはやめなければいけない。だからいろいろな国が集まって、協力していこう。ここまでは、国際連盟も国際連合も変わりません。

大きな違いは、第一次世界大戦後の国際連盟では先進国が後進国を統治すること、つまり植民地支配を否定しなかったことです。

第一次世界大戦が起こった大きな要因の一つは、植民地競争です。当時の先進国、つまり資本主義が発達した国々がそれぞれに植民地を増やしていったこと。より大きな利益をもたらす植民地を巡って、先進国間の競争・対立が生まれたことがあります。

つまり、世界大戦の原因は植民地支配が許されていたことにあったのです。

にもかかわらず、国際連盟では、「もう植民地支配をやめよう。戦争につながる競争をやめよう」という方針を打ち出すことができなかった。

国際連盟は、先進国が後進国を統治する権利を認めてしまったのです。これが、国際連盟が失敗した理由です。失敗というのは、その後に第二次世界大戦が起きてしまったからです。

第二次世界大戦後に設立された国際連合は、この反省を踏まえています。国際連合の「憲法」にあたる国際連合憲章には、「平等」と「民族自決」がうたわれています。つまり、「もう植民地はやめよう。先進国は支配している国々を手放そう」ということです。

経済的、軍事的に強い国が、まだ発展途上にある国を支配する権利を認めない、という立場をとったわけです。

その結果として、1970年代まではアジア・アフリカの国々が次々と植民地支配を脱して独立していった、という経緯があります。

以上のように、国際連盟と国際連合の違いは、一言で言えば、植民地支配を認めたか、認めなかったかにあります。

もっとも、国際連合ができ、かつて植民地だった国々が独立したからといって問題がなくなったわけではありません。

世界地図で、アフリカ大陸を見てみてください。

まるで定規で引いたように、まっすぐな国境線があちこちにあることに気づくと思います。

これは、かつて植民地だった時代に、ヨーロッパ諸国が勝手に相談して、それぞれの「縄張り」を決めた名残りです。そのときのテリトリーを、今は独立国家となった国々も引き継いでいるわけです。

当然、乱暴に決められた国境線は後々までトラブルの種となります。

たとえば、A国とB国は、それぞれ独立国家になった。けれども、A国の領土内には、B国の中心となっている民族が集まって住んでいる地域がある。B国としては、本来その土地も自国に含まれるべきだと考えている。もちろんA国だって領土を手放すつもりはない。

そんな事情が各地にあって、それが複雑に入り組んでいるのです。

そのため、めでたく独立した国々の中では民族対立から内戦が起こり、さらには国同士の戦争も起こる。こうして、第二次世界大戦後の世界では、民族紛争が大きな問題になりました。

中東では、イスラム教の宗派の違いによる争いも激化しています。現在のイスラミック・ステート（ＩＳ）の勢力拡大や、先ごろようやくアメリカと和平に向けて合意したタリバンの問題なども、その源は植民地支配にあります。

このように、歴史を学ぶことで、現代の世界をより深く理解することもできるのです。

高校までの勉強というのは、言ってみれば本格的に学ぶための頭の基礎体力づくりのようなものです。その上で、大学以降は本格的な学びが始まるのです。

それは、自分がどう生きていくかを考えられるようになるための勉強です。これを教養と呼んでもいいでしょう。

よく生きるためには、自分が生きる社会について理解しておかなくてはいけない。そのための「必須科目」が、近代史や現代史ということです。

映画で学ぶ現代社会

映画を観ることは感性を養う上で大事だと思います。

それだけでなく、映画は、生きるための教養を学ぶ教材としても活用できます。すぐれた映画には、現代社会のさまざまな姿が活写されているからです。

私がおすすめしたい作品を、いくつか紹介してみましょう。

◇ホテル・ルワンダ（テリー・ジョージ監督、イギリス・イタリア・南アフリカ共和国・アメリカ合作、2004年）

東アフリカのルワンダで1994年に起きた虐殺事件を題材とした映画です。

このルワンダ虐殺は、フツ族とツチ族という二つの部族の対立を背景としています。フツ族が主導する政府と、フツ族の過激派によって、多くのツチ族の命が奪われ、また虐殺を止めようとしたフツ族の穏健派も殺された。犠牲者の正確な数はわかっていませんが、

50万人から100万人の命が奪われたと言われています。

この恐ろしいジェノサイドのまっただなかで、主人公のホテルマンは1200人もの人をホテルに匿い、なんとか助けようと奮闘します。

この映画は、実話をもとにしています。虐殺から人々を救おうとしたホテルマンの手記が原作になっているのです。

作品の中では、人道の危機と言える事態にもかかわらず、無力をさらけ出す国連や欧米諸国の姿も描かれています。国際社会の矛盾が、アフリカの発展途上国に噴出し、とんでもない悲劇を生み出している。しかも、それは大昔の話ではなく、まだ人々の記憶に残っている現代の話なのです。

◇マシンガン・プリーチャー（マーク・フォースター監督、アメリカ、2011年）

この作品も、実在の人物の体験に基づいています。プリーチャーというのは、キリスト教の伝道師のこと。伝道師とマシンガンの組み合わせは意外性があって目をひきます。

主人公は、もともと麻薬の密売人です。それが、キリスト教との出会いによって更生し、まじめに働くようになり、熱心に教会にも通うようになります。

彼はあるとき、教会の礼拝で第二次スーダン内戦の惨状について聞かされます。

スーダンは、アフリカの北東、紅海沿いにある国です。政府がイスラム法を導入したことに非ムスリムの国民が反発し、内戦が起きた。1983年から2005年まで続いた内戦で、190万人が亡くなっています。

この話を聞いて心を痛めた主人公は、スーダンでのボランティア活動に参加します。そこで、反政府勢力が少年たちを拉致して兵士にしている事実を知る。少年たちを救出して孤児院を建てようとするのですが、当然、武装勢力に妨害されます。

そうなると、もともとアウトローの世界で生きていた人ですから、だまってやられてはいません。銃をとって応戦します。だから、マシンガン・プリーチャーというわけです。

『ホテル・ルワンダ』と同様、この作品でも紛争地帯の過酷な現実が描かれています。少年兵という今も続いている大きな問題についても学べるでしょう。何より、憎悪の連鎖が悲劇を拡大していくという普遍的な問題について考えさせられる映画です。

◇バイス（アダム・マッケイ監督、アメリカ、2018年）

コメディタッチの作品も紹介しておきましょう。

「バイス」というタイトルはバイス・プレジデント＝副大統領から来ています。主人公はアメリカ合衆国の副大統領です。でも、ただの副大統領ではありません。

大統領から就任を依頼されたとき、「形だけの役職はいやだ。俺の好きにやらせろ」と要求するのです。アメリカ合衆国の実権をよこせということです。なんと、大統領がこれにOKしてしまう。アメリカ合衆国を自由に動かす副大統領が誕生するわけです。

面白い設定だな、と感じるでしょう。怖いのは、これも実話だということです。ジョージ・W・ブッシュ大統領のもとで副大統領を務めたディック・チェイニーは、本当にこういう男でした。現実にアメリカ合衆国を思い通りに動かし、「史上最強の副大統領」と呼ばれた。2001年のアメリカ同時多発テロ事件以降は、強硬な外交姿勢をとって戦争を指揮し、世界中にも影響を与えていくのです。

ご存知のように、アメリカの大統領は国民の選挙によって選ばれます。日本の総理大臣よりも民主的な基盤が強い。だからこそ強大な権力を持つことも正当化されている。

その大統領の権力が、別の人間に乗っ取られていた。コメディタッチでありながらこの映画が「怖い」のはそこです。しかも、それが実話なのですから。

◇プリティ・ウーマン（ゲイリー・マーシャル監督、アメリカ、1990年）

ジュリア・ロバーツとリチャード・ギア主演の非常に有名なラブコメディです。

私も、30年前に観たときには、コールガールのヒロインが大金持ちの男と恋愛をする、ただのラブコメディだと思いました。

ところが、2度目に観たときにはまったく印象が違っていました。

リチャード・ギアが演じる実業家は、M&A（企業の合併・買収）を事業にしています。この話の中では、造船会社を買収して、その所有地をレジャー施設やマンションにして収益を上げる、といったスキームが描かれています。

このときには、私自身も仕事で会社を買収したり、売ったりということを手がけていましたから、『プリティ・ウーマン』にはこんなことが描かれていたのか」と驚いたのを覚えています。

今でこそ、日本でも企業買収や会社分割などはごくあたりまえのように行われています。革新的なベンチャー企業が話題になり、大きな会社に巨額で買収される、といったニュースもよく聞きます。

とはいえ、日本でM&Aが活発化し、普通のビジネスパーソンでも話題にするようになったのは2000年前後の会社法改正以降のことです。いわば、日本での「M&Aブーム」以前に、『プリティ・ウーマン』では当たり前のようにM&Aが背景として描かれている。

一見、ただの娯楽作品でも、そこには今の世界で何が起きているのか、これから日本で何が起こるのか、を予見するヒントが描かれていることもあるのです。

また、以前観たことのある映画でも、自分が経験を積んだり、勉強をしたりして成長すれば、まったく別の目で観ることができる、という好例でもあります。

映画を観ることで、現代史や現代社会を学ぶことができる、といっても、「勉強」と身構えて観る必要はありません。

紹介した作品は、どれもまず、映画として優れていますから、普通に楽しみながら観てほしいと思います。それでも、「いい映画を観た」という感動や満足だけではなく、何かが頭の中に残るでしょう。それをこれから自分が行動したり、ものを考えたりする中で活かしていけばいいのです。

興味が湧いたら関連する本を読んでもいいでしょう。ニュースを見たり、新聞を読んだりするときの視点も変わってくるでしょう。

その蓄積が、教養なのです。

新聞は行間を読む

現代は、情報を手に入れるのに苦労をしない時代です。映画でも本でも、いい作品の情報はネットからどんどん入ってくる。

スマホを持っていれば、日々のニュースにうとくなるということはありえません。

しかし一方で、あまりにも情報の量が多いために、情報に対して鈍感にならざるを得ない部分もあります。たしかに、ありとあらゆる情報に反応して、深く理解しようとしていたら頭がパンクします。

だから、ついつい目の前にある情報を鵜呑みにしたり、人の意見になんとなく流されてしまうということも起きがちです。

本当に大事な情報、自分が生きていくうえで見逃してはならない情報に気づかないということだってあるでしょう。

そうならないために、情報への感度を高めなければいけません。それも、現代人にとっては教養のひとつなのです。

そこで活用してほしいのが、新聞です。

大学生にもなれば、新聞は普通に読んでいると思います（もし読んでいない、という人がいたら、ぜひ読むようにしてください）。

新聞を読むときに大事なのが、「行間」を読むということです。

たとえば、アメリカの大統領が中国を訪問したとします。その後、韓国にも寄って、アメリカに帰国した。このことは新聞の記事になるでしょう。

この事実を読むだけでなく、行間にあるものを読み取るのです。

アメリカの大統領がアジア諸国を訪問したときには、主要な目的国のほかにも、その近隣の国にも歴訪するものです。今挙げた例では、韓国にも訪問している。その後は帰国してしまった。つまり日本には寄っていない。これは、わざわざ書かれてはいない事実、つまり行間です。

このことから、どうやら大統領は、少なくとも現在の局面では、日本を重視していないということがわかる。行間を読むことで、書かれていない事実を推し量ることができるわけです。

実際に、1998年に当時のクリントン大統領が中国を訪問したときには、日本に寄らずに帰国してしまったことがあります。中国には9日間も滞在したにもかかわらず、同盟国である日本には寄らなかった。

この「行間」の事実から、アメリカが日本を軽視している、「ジャパン・パッシング（日本無視）」であるということを読み取れるわけです。

これは比較的シンプルな例ですが、常に新聞の「行間」を読む訓練を続けていくと、次第に深く、複雑な考察ができるようになっていきます。

日々の生活の中でできる思考の訓練として、ぜひ実践してみてください。

遊ぶときは「命がけ」で

勉強をしよう、教養を身につけよう、という話をしてきましたが、その一方では遊ぶことも大切です。

どうせ遊ぶなら、徹底的に遊ぶのです。

ちょっと大げさに言えば、「命がけ」で遊ぶことをおすすめしたいと思います。

私は、遊ぶことは大得意です。まさに「命がけ」で遊んできたという自負があります。

私はスキーが趣味だということは最初にお話ししました。

２０１７年には、カナダまでヘリスキーをしに行きました。このときは、日本を発つ前に遺言書をつくっています。

険しい山地で滑ることになっていたので、滑っているときに遭難して、そのまま帰ってこられないかもしれないからです。それだけ過酷な場所に行ったということです。

遺言書の作成には、お金がかかります。公証人役場というところに行って、手数料を払わなければいけない。遺言書に貼る印紙代もかかる。全部で百万円以上かかったでしょうか。

これだけの費用を、遊ぶためにわざわざ払うわけです。

カナダに行ってからも、いきなりスキーはできません。まずは入念に準備をしなくてはいけないのです。

最初に学んだのは、ビーコンという無線機器を使って、遭難した人を探す方法です。

そして、雪崩で雪に埋まってしまった遭難者をスコップで掘り起こす訓練です。自分が埋まるかもしれないし、仲間が埋まるかもしれないですから、真剣です。

スキーに行くといっても、整備されたスキー場に行くのとは違って、文字通り「命がけ」であることがわかっていただけると思います。

これだけ真剣にやってはいるけれども、あくまでも遊びです。真剣に、命がけで遊んでいるのです。

スキーに関して言えば、技術を向上させるために、箸を左手で持つ訓練をしたこともあります。それも3年間、利き手ではない左手でご飯を食べ続けた。

これも、真剣に遊ぶための努力です。

こうした努力と準備の甲斐あって、同行者の中に一人、怪我をした人はいたものの、カナダでスキーを満喫して帰ってくることができました。

私の会社では、採用するときに感性が豊かな人、感覚がすぐれた人に注目するようにしています。それに加えて、一芸に秀でた人、なにか強みを持っている人も重視しています。

就職活動のときには、誰でも立派なことを言います。

会社に貢献したいとか、地域の経済に貢献したいとか言う学生は多い。言うだけなら簡単です。こちらが聞きたいのは、

「では、あなたは何ができるの?」

ということです。

そして、その人が「できること」を端的に見せてくれるのが「一芸」というわけです。

一芸に秀でるためには、一生懸命に勉強をすることも必要でしょうし、小さい頃からス

ポーツや文化活動に打ち込むことも有効でしょう。

けれども、「一芸」を磨いてくれるのはそれだけではありません。真剣に、命がけで遊んできたこと、中途半端でなく、徹底的に遊んだ経験が一芸につながることもあるのです。

時間は平等に過ぎていくことを忘れずに

私にとって、「平等」ということは若い頃からとても大事な価値であったということは前にお話ししたと思います。

だから、会社を経営する上では、「企業とは、平等を提供する場でなくてはならない」という理念にもとづいてやってきました。

とはいえ、平等が目指すべき価値であるということは、現実には平等でないこともたくさんあるということです。

実際、みなさんひとりひとりが置かれている環境、与えられた資質、使えるリソースは平等ではありません。

それぞれに、自分が持っている条件の制約を受けながら生きていかなければならないわけです。

それでも、これだけは万人に平等である、ということもあります。それは時間です。

時間は、誰にとっても平等に過ぎてゆく。時間を止められる人はいませんし、時間の流れを遅くできる人もいない、という意味で、時間は平等に過ぎてゆくものだと言うことができる。

ということは、過ぎてゆく時間をどれだけ有効に使えるか、が問題になります。

たとえば、いかに速く、多くのことを学べるか。必要な技術を身につけられるか。

学びのスピードを高めるためには、柔軟な感性がなくてはいけない。それをいかに早い時期に育てることができるか。

限られた時間のなかで、いかに多くの人と、いかに深く関わることができるか。人との出会いの質を高め、自分を高めてくれる人とどれだけ多く出会えるか。

これらは、すべてみなさんの努力次第なのです。

しかも、やみくもに努力すればいいというものではありません。

どのように生きたいか、どんな人間になりたいのかという目標によって、やるべきことは変わってきます。簡単に言えば、経営者になりたい人と医者になりたい人が勉強すべきことはまったく違うでしょう。

ということは、まずしっかりと目標を定め、どうやってそこにたどり着くのかという計画を立てなくてははじまらない。人生のロードマップを準備する、ということです。

前に『13歳のハローワーク』を紹介しました。理想的なのは13歳からこうしたことを考えはじめることです。けれども、もう18歳だ、あるいは20歳を過ぎてしまった、という人も、今からだって遅くはありません。自分の将来像、人生のロードマップを描いてみてください。

もちろん、一度描いたロードマップは、いつでも描き直すことができます。私自身、何度もロードマップを修正してここまできたことは、ここまでの話でおわかりでしょう。

暫定的なものでもいいから、まずは目標とそこまでの道のりをイメージしてみる。それが、自分の成長速度を早めるためのコツです。

生き方の指針を持とう

大学のとき、先輩から言われたことがあります。

いわく、「人間にはウィークポイントが三つある」。

その三つとは何かというと、権力、お金、女性である。ここで女性が出てくるということは、人間のウィークポイントというより、「男性のウィークポイント」と言ったほうが適切でしょう。

たしかに、権力がほしくなって、あるいは手に入れた権力を手放したくなくなって、正しくない行動をしてしまう人はたくさんいます。逆に、権力を持っている人に媚びへつらって、迎合して、自分がやりたいこと、やるべきことを見失ってしまう人もいます。

お金の魅力にとらわれて、道を踏み外す人もいるでしょう。犯罪のような悪事に手を染めるところまで行かなくても、お金の使い方が卑しかったり、お金への執着が強かったりすると、それ自体がみっともないことです。たとえば、社長が私的な買い物や飲食代を会社の経費で落としていたら、社員に尊敬されるはずもありません。

そして、女性については言うまでもありません。いわゆる成功者と言われる年配の男性が、若い女性にのめりこんで築き上げた地位や資産を台無しにしてしまう、といった話はそこら中に転がっています。

先輩が言いたかったことは、これら三つのウィークポイントを自覚しておくことで、道を誤ったり、みっともない生き方をしたりすることがなくなる。高潔に、尊敬される人生を歩むことができる、ということなのでしょう。

つまり、なんらかの形で、自分を律する生き方の指針を持っておくべきだということです。

国連には国連憲章があり、近代国家には憲法がある。会社はたいてい企業理念というものを持っています。それだけでなく、社員の行動指針とか、クレドといったより詳細な指針を定めている会社もあります。

それと同じように、自分の生き方にも、なんらかの指針を持っておくことは大切です。指針があることで、自分を律して、充実した生活ができる。他人にいい影響を与えられるようになる。なにより、かっこいい人間、魅力的な人になることができるからです。

こうした生き方の指針は、自分で考えられればそれに越したことはありません。

自分では思いつかない、という場合は、尊敬できる人の真似をすればいいでしょう。

恩師でもいいですし、先輩でもいいと思います。こんなふうになりたい、という人がいたら、その人の生き方の指針を聞いてみましょう。

お手本は、面識のある人に限定することはありません。尊敬する経営者でもいいし、すでにこの世にいない偉人でもけっこうです。著作や伝記をひもといて、その人がどんな指針を持っていたのかを調べてみるといいと思います。

こうして学んだ他人の指針を、そのまま自分でも採用してもいいし、自分なりに修正してもいいのです。


私が教えを受けた竹内弘高先生から、「HIRO'S 30 COMMANDMENTS」と題したカードをいただきました。commandment は「掟」という意味。the Ten Commandments というと、旧約聖書に出てくるモーセの十戒を意味します。つまり、竹内先生の「三十戒」

というわけです。

生き方の指針の一つのモデルとして、この「三十戒」すべてを紹介したいところですが、今回は一部分、最初の1番と、最後の30番だけを紹介しておきます。

01「一橋」を口にするな

30 GNN. GNN. GNN…

01の「『一橋』を口にするな」。この意味がわかりますか？

一橋大といえば有名ですし、その教授と聞いた人は「すごいな」と思ってもらえる。だからこそ、そのブランドをかさにきるのではなく、自分自身の力で勝負するんだ、という意味でしょう。

86ページで日本人とアメリカ人の自己紹介の違いについて触れましたが、これも同様です。「会社名を出せば自分のことをわかってくれるだろう」「有名企業に勤めているからすごい」のではなく、「あなたは何ができるのか」が重要、ということです。

30のGNN. GNN. GNN…は暗号のようで目をひきます。実はこれ、「義理・人情・浪花節」のことです。

世界的な経営学者で、ハーバードのビジネススクール教授も務める竹内先生が、「義理・人情・浪花節」というきわめて日本的な価値観を大事にしている、というのがとても興味深いでしょう。国際派の学者と、「義理・人情・浪花節」の組み合わせは意外だと感じる人もいるかもしれません。

けれども、生き方の指針というのは、一般的な道徳や倫理とは違って、その人にとっての基準ですから、それぞれに個性的なのが当然なのです。

生き方の指針というのは、握手の仕方から組織内での振る舞い方まで、多岐にわたります。

これまで自分が生きてきた中で、「あれはちょっと失敗だったな」とか、「あの時、こうすればよかった」というようなことが、誰にでもあるものです。一見ささいなことのように見えても、そこにはとても重要な意味が隠されています。

その気づきをもとに、自分なりの指針をつくってみてください。たとえば、私が前に話した「宴会では『始末がいい』飲み方をしよう」ということとも通じます。

ちょっとした無神経な行動、マナー違反が、自分の評価を下げてしまったり、相手への敬意の欠如と受け取られることもある。これは繰り返し話してきた感性の問題だと捉えることもできます。

生き方の指針は、竹内先生のように比較的多項目で、広い範囲を網羅するものであってもいいですし、ほんの数項目だけにしていつでも思い出せるようにしてもいいでしょう。

いずれにしても、自分にぴったりな生き方の指針を見つける、作る、ということを考えてみてください。

終　章

未来は明るい

行動しよう

感性、感覚、教養を磨くことが成長の近道

私がこれまでお話ししてきたことについて、みなさんはどのように感じられたでしょうか。

ますます変化のスピードが加速し、革新的なアイデアが求められるこれからの時代に必要なのは、「物事の必然性」を理解することであり、「社会でのコミュニケーションと感性」を磨くことである。

そのために、大学時代にやっておくべきことは何か。

人との出会い、豊かな人間関係づくり。そのためには、挨拶からはじめよう。

感性を豊かにするために、さまざまな文化に触れよう。本でも音楽でも、映画でも、華道や茶道でもいい。旅行や留学をどんどんして、異文化も体感しよう。何にでも興味を持って、体験を増やそう。

もちろん日々、勉強することも大事である。新聞は行間を読んで情報への感度と思考力

の訓練をする。近代史や現代史は必須科目。
そして、勉強だけでなくどんどん遊ぼう。どうせ遊ぶなら、命がけで、全力で遊ぼう。

若い人たちに向けたキャリア論としては、「これから有望な業界はここだ」とか、「身につけるべきビジネススキルは」とかいった、もっと具体的な話もあります。もしかすると、そういう話のほうが役に立つし、実践的である。私の話は抽象的だと感じた人もいるかもしれません。

けれども、人生は長いです。そして、長い人生の間に、世の中は変わっていく。それも猛スピードで変化していきます。

それを前提にすると、本当に役立つのはこまごまとした知識やスキルではありません。そういうものは、たとえ「最新版」をうたっていても、あっという間に陳腐化してしまいます。みなさんが持っているスマホと同じことです。

逆に、変化の激しい時代でもそう簡単には古びないものがある。

それが、お話ししてきた感性であり、感覚であり、教養なのです。

「つぶれる会社」を見抜けた理由

私は、以前に新規事業としてラーメンのチェーン店に加盟し、お店を立ち上げたことがあります。業績は順調で、1店舗あたりの平均月商は600万円から700万円。店舗は五つありましたから、月商3000〜3500万円。年商はだいたい5億円くらい、フランチャイザーの売上が50億円くらいの会社でした。

当社の業績がすごくよかったため、私はこのフランチャイズ本部の会社の社長に呼ばれ、話をしました。

最初のうちは、「廣田くん、君の会社は順調に伸びているし、すごいな」といった話をしていたのですが、話しているうちに私はなんとなく違和感を感じてしまいました。

何を感じたかというと、

「この本部はこの規模になった会社としてふさわしいだろうか」ということです。

会話の中で、何か決定的な発言があったわけではありません。

なぜその小さな違和感に気づいたのか。

フランチャイジーがこれほどの業績を上げているのに、なぜそのような業績が上げられるのか、何をしているのか、どんな工夫をしているのか、といった話がなかったのです。本部としては、当然気になるはずなので、いろいろ質問されると思っていたのですが、それがなかったことに違和感を感じたのです。

お店を一時的に黒字にするだけなら誰でもできるのです。会社経営にとって大切なのは、3年後、5年後にも黒字を継続できるかどうかです。この社長にはその力があるか、と考えたときに、そうではないと判断せざるを得なかったのです。

とにかく、たしかに私は「気づいた」のです。ピンと来たと言ってもいいでしょう。理屈というよりも、感覚の問題です。

ほどなく、私はそのラーメン店チェーン5店舗を、その本部の会社に売却しました。

そうすると、売却から1年後、その会社はつぶれてしまいました。そのつぶれた会社を買ったのは、全国展開しているある有名な飲食チェーンでした。

この時、私が気づくことができたのは、なぜでしょうか。

それは、経験を積み重ねてきたからです。

人と会って交流し、勉強をし、遊び、さまざまな体験をし……という経験を通じて、感覚と感性、教養を養ってきたからです。

会社経営に限らず、仕事でうまくいくための方法は、マニュアル的・ハウツー的に学べるものではありません。「会社を潰さない方法」「会社を大きくする方法」といったアンチョコはないのです。自分を地道に成長させていくこと、これしか道はない。

もちろん、私も最初からこれができたわけではありません。

父のもとから29歳で独立したとき、私は「社長」になりました。

しかし、これはたんに「社長」という肩書がついているというだけのこと。ほとんど「自称社長」と変わらなかったと思います。

その後、35歳、40歳、45歳……と年を重ねていくなかで、きちんと持続していける会社をつくることができた。

会社を持続させるための、経営者としての能力も身につけた。ここではじめて、私は本当に社長になれたと言えるでしょう。

「ああ、自分は社長らしくなったな。つぶれない会社になったなあ」

と実感したのを覚えています。

懸命に働くことはもちろんですが、同時に勉強をし、遊び、人と交わって、自分の感覚や感性、教養をやしなってきたからこそ、そこまで成長することができたのだと思います。

不安は誰にでもある

みなさんは、まだ若い。

経験はまだ乏しいのが普通でしょう。

当然、社会を見る感覚、世の中の先行きを見通す力といったものはまだ未熟です。

自分の将来が不安になることや、「どんな道を選ぶべきか」で悩むことも多いでしょう。

たとえ目標が定まったとしても、「本当にこの道を進んで大丈夫だろうか？」と不安になることもあると思います。

私もそうでした。

29歳で独立する前、父の会社に勤めていた頃は、安定した給料をもらっていました。

しかし、独立して会社を起こしたら、一気に収入は減るだろう。暮らしていけるだろうか。これがとても怖かったのを覚えています。

案の定、起業した直後の私の給料は、月に15万円でした。年収１８０万円です。

このように、未来に対して不安になったり、うまくいかなかったらどうしようと思ってしまうのは当たり前のことです。

問題は、こうした不安、ネガティブな予測にとらわれて、萎縮してしまうこと。

今やるべき行動を起こせなくなってしまうことです。

自分を成長させてくれるのは、それが仕事であれ勉強であれ趣味であれ人付き合いであれ、すべて行動です。行動しないことには、変わることはできない。無駄に時間が過ぎていってしまうことになります。

ですから、最後にみなさんに言っておきたいことは、たとえ不安でも行動をやめないことです。

具体的には、次の三つを心がけてほしいと思います。

①明るく前向きに考え行動しよう

将来への不安がある。それはそれで仕方がありません。

けれども、未来にはいいことだって待っています。ネガティブな思考を否定する必要はありませんが、同時に明るい展望を持つことも忘れないでください。そして、自分に今、できることは何か、やりたいことは何かを前向きに考えて行動してください。

②過去の結果から来る現実、今からのスタート

今、私たちの目の前にある現実は、過去の結果です。これは、「物事の必然性」についてお話しした通りです。

ということは、みなさんの未来は、現在の結果ということになります。今、自分が何をするかによって、自分の未来が決まるのです。

そう考えると、行動する勇気、やる気が湧いてくるのではないでしょうか。

意欲が湧いてきたら、すぐに行動してください。今からスタートです。いつでも、思い立ったときに行動することができれば、遅すぎるということはありません。

③かっこいい大人になろう。かっこいい大人との出会いのために

みなさんは、自分はもう大人だと思っているでしょうか。それとも、まだ大人ではないと思っているでしょうか。

いずれにしても、将来「かっこわるい大人」「みっともない大人」になりたい、という人はいないでしょう。人から尊敬される、自分でも納得のできる、かっこいい大人、すてきな大人になりたいという思いを持っているはずです。

この思いを大事にしましょう。かっこいい大人になるためには、行動し、成長するしかありません。すてきな大人になるためには、現実の厳しさに直面しても、今持っている理想、価値観を捨ててはなりません。

みなさんがこうした努力をやめなければ、それはかっこいい大人、すてきな大人と出会うことができるようになります。類は友を呼ぶということです。

いい出会いに恵まれたら、それを学びの機会にして、さらに成長してください。

この本では、まだ学生である、若いみなさんに向かってお話ししてきました。おそらく、みなさんの世代は、平均して120歳くらいまで生きるようになるでしょう。どうか、若いうちだけと言わず、何歳になっても学び続けてください。学ぶことをやめたとたん、人の成長は止まります。学び続ければ、いくつになっても成長できる。私ももちろん、まだまだ勉強していくつもりです。

みなさんもいつか、今の私ぐらいの年になります。そのとき、

「そういえば、若い頃にちょっと風変わりなじいさんの話を聞いたなあ。死ぬまで勉強だなんて言っていたっけ。この年になってみると、たしかにその通りだな」

と思い出してもらえたら、何よりのしあわせです。

■著者紹介

廣田 靖人（ひろた やすひと）

昭和34年4月、新潟県生まれ。大学卒業後、父の会社（ALSOK新潟綜合警備保障）に入社する。仕事をする中で、父と考えが合わず、25歳のときに、30歳までに家を出ようと決意する。29歳で独立し、起業、現在のテンプスタッフフォーラム㈱を立ち上げる。人材派遣業を中心にM&Aも活用しながら事業領域を拡大、保育園、外食などの他、新潟県内のゴルフ場や軽井沢のホテルの運営も手掛ける。

現在、テンプスタッフフォーラム㈱代表取締役CEO、新潟綜合警備保障㈱取締役、フォーラムオクト㈱取締役、三和エンジニアリング㈱代表取締役社長、I&F ㈱取締役を務める。趣味はスキー(2級)、ゴルフなど。

今、若者に伝えたい

未来を切り拓く知恵と学び

著　者　廣田 靖人

発行日　2021年4月5日

発行者　高橋 範夫

発行所　青山ライフ出版株式会社

〒108-0014 東京都港区芝 5-13-11 第2二葉ビル 401

TEL：03-6683-8252

FAX：03-6683-8270

http://aoyamalife.co.jp

info@aoyamalife.co.jp

発売元　株式会社星雲社（共同出版社・流通責任出版社）

〒112-0005 東京都文京区水道 1-3-30

TEL：03-3868-3275

FAX：03-3868-6588

ISBN978-4-434-27482-4